Malte Oppermann

Der Augenblick

Malte Oppermann

Der Augenblick

Karolinger Verlag

Wien und Leipzig

Gesamtherstellung:
Buch Theiss, St. Stefan im Lavantthale/Kärnten

Satz:
Ecotext-Verlag, G. Schneeweiß-Arnoldstein, Wien

Einband:
Peter Alba

© 2020 Karolinger Verlag Wien
ISBN 978-3-85418-194-1

Inhalt

Der Augenblick

Ortlos und zweideutig

„Es gibt nur Augenblicke.“[1]
  – Doch was ist der Augenblick?
Seine Ungreifbarkeit und Widersprüchlichkeit zeigt sich am Verhältnis des Augenblicks zur Zeit. Ist er eine auch noch so kurze Zeitspanne, kann er nicht mehr reine Gegenwart sein, hat er jedoch keine Ausdehnung in der Zeit, wo ist er dann? Der Augenblick verweigert sich der sicheren Einordnung. Deswegen nennt Platon ihn *ortlos*[2], schreibt Kierkegaard, er sei *zweideutig.*[3]

---

1 Nicolás Gómez Dávila, Scholien, Wien 2011, S. 254.

2 Platon, Parmenides 156d f.

3 *„Der Augenblick ist jenes zweideutige, in dem Zeit und Ewigkeit einander berühren.“* Sören Kierkegaard, Der Begriff der Angst, München 2005, S. 547.

Unzählbar

Der Augenblick hat nicht nur keine bestimmbare Dauer, er misst auch nicht die Zeit.[4] Dass es keine *Augenblickszähler* gibt – weder solche, die mit dem Maß des Augenblicks die Zeit, noch solche, die mit dem Maß der Zeit Augenblicke zählen – hat seinen guten Grund. Die Unzählbarkeit der Augenblicke korrespondiert mit der Kontinuität der Zeit: Ein Kontinuum ist nicht aus einzelnen Abschnitten zusammenzusetzen.[5] Die Augenblicke in der Zeit können also nicht ihre getrennten und damit zählbaren Abschnitte sein, wenn die Zeit kontinuierlich ist.[6] Bevor noch die kürzeste ihrer Spannen vorüber ist, fliehen sie unendlichfach. Ein ununterbrochenes Aufhören von Sein.

---

4 Zeitmessung ist ein Vergleichen von Bezugspunkten, als welche nicht einmalige, sondern regelmäßig sich wiederholende Ereignisse dienen. Der Sonnenaufgang zum Beispiel, dessen Wiederkehr die vergangenen Tage zählt.

5 Aus Aristoteles' Definition des Kontinuums in Physik V, 3, 227a geht hervor, dass ein Kontinuum unendlich teilbar ist. Die unendliche Teilbarkeit des Kontinuums bedeutet jedoch nicht, dass es aus unendlich vielen getrennten Teilen zusammengesetzt ist. Aristoteles drückt das so aus, dass ein kontinuierlicher Zusammenhang dort besteht, wo bei einander berührenden Abschnitten die Grenze des einen identisch mit der Grenze des anderen ist, was unmöglich ist, solange diese Grenzen zwei sind.

6 Aristoteles weist die Vorstellung, die Zeit könnte aus Teilen, nämlich aus diskontinuierlich aneinandergehängten „Jetzten", bestehen in Physik IV, 10, 218a zurück, da ein aus Teilen zusammengesetztes Ding in allen oder wenigstens in einigen seiner Teile da sein müsse, das bei der Zeit aber nicht der Fall ist, wo die einen Teile noch bevorstehen, die anderen schon waren. Vgl. auch S. 25 f., „Abwesenheit der Zeit".

Besonderheit jedes Augenblicks

Wenn die Zeit niemals stockt und innehält, sondern unablässige Veränderung ist, dann muss mit jedem Augenblick etwas vorübergehen, was weder vor ihm, noch nach ihm, noch einmal ist.[7] Ganz gleich, welchen Moment in der Zeit man wählt, man muss etwas Einmaliges in ihm finden – und es gibt unendlich viele Wahlmöglichkeiten.

Das Wort Augenblick bezeichnet mehr als einen ausdehnungslosen Zeitpunkt, den die Messung bestimmt.[8] Es ist eine Metapher für die Fülle der unmittelbaren Gegenwart. Doch gerade deshalb ist es folgerichtig, dass man mit ihm zugleich auch den enteilenden Punkt der Zeit meint. Denn die Fülle der Gegenwart liegt in ihrer Einmaligkeit. In ihrer niemals sich wiederholenden und nicht zu ergreifenden Besonderheit. Je näher man hinschaut, desto deutlicher tritt es hervor. Was tatsächlich, bis ins letzte Detail, die letzten Minuten dieses Lebens ausmachte, ging eben mit ihnen auch dahin. Dasselbe

---

7 Vorausgesetzt, die Zeit hat eine Richtung. Etwas anderes wäre es, würde sie sich im Kreis drehen, oder Sprünge vor und zurück machen.

8 Der Augenblick ist auch insofern kein zu messender Zeitpunkt, als die Gegenwart sich nicht wahrhaftig messen lässt. *„Jeder Meß- und andere Apparat hat seine eigene Trägheit im weiteren Sinn und damit seine eigene Verzögerung: Es gibt kein Instrument, dessen Angaben als zeitgleich gelten könnten, das Instrument bleibt zwangsläufig hinter dem von ihm gemessenen Prozess zurück.“* Pawel Florenski, Werke in zehn Lieferungen, Fünfte Lieferung, Raum und Zeit, Berlin 1997, S. 252.

ließe sich über die letzten Sekunden sagen, und bis in die kürzesten Zeitabschnitte immer weiter treiben. Im kontinuierlichen Wandel liegen zwischen zwei Unwiederbringlichkeiten stets unendlich viele weitere.

Unendliche Mannigfaltigkeit

Wenn kein Augenblick von einem anderen nur numerisch verschieden ist, dann ist die Mannigfaltigkeit der Welt unendlich.[9] Jeder Sonnenaufgang ist einmalig und birgt in sich unendlich viele Einmaligkeiten, und ebenso ist es mit jeder sich öffnenden Blüte auf der Erde, und jedem Ton, den eine Amsel singt.

Manchmal hat es den Anschein, als ahnten die Sinne etwas davon. Doch meist wird die kontinuierliche Individualität der Wirklichkeit überdeckt von den Schablonen des Verstandes, die alles, was sich ähnlich ist, in einem Bild zusammenfassen. Wie einfach scheint es, zu beschreiben, was all die Augenblicke des Lebens bestimmt:

– *Ein junger Mann sitzt auf den Steinen am Ufer eines Sees und betrachtet die Wellen* ... Die Sprache suggeriert eine leicht zu reproduzierende Anordnung weniger, scheinbar starrer Elemente.

Das Wasser aber, das sich zwischen den Steinen am Seeufer hebt und senkt, die Schaumblasen, die weißen und braunen Steinkörper, die unter der

---

9 Der berühmteste Verfechter einer wirklich unendlichen Mannigfaltigkeit des Alls ist Leibniz. Er formuliert die These von der Identität des Nichtunterscheidbaren unter anderem in den Neuen Abhandlungen über den menschlichen Verstand: „Ferner habe ich bemerkt, daß kraft der unmerklichen Abwandlungen zwei individuelle Dinge nie vollkommen ähnlich sein können und daß sie stets mehr als einen bloß numerischen Unterschied aufweisen müssen." Gottfried Wilhelm Leibniz, Neue Abhandlungen über den menschlichen Verstand, Leipzig 1904, S. 13.

schaukelnden Oberfläche in zitternde Bewegung geraten: da ist keine Starre und Monotonie, kein digitaler Wechsel von Licht und Schatten. Keine Welle gleicht der anderen, keine Bewegung der Sonnenreflexe, die ein flimmerndes Netz auf die nahe Mole zeichnen.

Es ist ein unwiederbringliches Wellenspiel und niemals wiederkehrendes Muster des Lichts. Da gibt es nur eine Fülle verschwindender Individualität. Die Flüchtigkeit unendlicher Einmaligkeiten.

Der Blick des Auges

Wer etwas vom Augenblick der Gegenwart wissen will, kann es nur von den Sinnen lernen.[10] Der Augenblick der Gegenwart ist dem Bewusstsein nicht fasslich, doch die Sinne erleuchten ihn; wie der Blitz den tropfenden Garten in einem nächtlichen Gewitter.

---

10 Die sinnliche Bedeutung des Wortes Augenblick könnte bloß allegorisch verstanden werden. Als hätte man den Blick des Auges etwa nur seiner Schnelligkeit halber als Metapher für den enteilenden Punkt der Zeit gewählt, obwohl kein Sinnesorgan irgendeinen Reiz ohne zeitlichen Versatz verarbeiten kann. Doch auch, wenn jede Sinneswahrnehmung ihre Zeit braucht, um zustande zu kommen, hat sie den Charakter unmittelbarer Augenblicksgegenwart, wenn sie einmal da ist.

Alles wie nie

– *„Ist nicht alles wie nie?"*[11]

Wer seinen Sinnen traut, kann die Frage bejahen. Jeder neue Eindruck vermag überraschend zu sein.[12] Die Monotonie der Objekte ist eine Sache der geistigen Schablonen, nichts, was die Augen sehen. Dass in diesem Moment ein Cafébesucher auf seinem Tisch eine weiße Tasse wahrnimmt, ist dieser Wahrnehmung in ihrer Individualität akzidentell. Der flüchtige Sinneseindruck illustriert dem Cafétrinker seine Vorstellung des gesuchten Gegenstands. Doch die Starre der Begriffe täuscht nur den Verstand, nicht die Sinne. Sie erhaschen einen Zipfel von der Individualität jedes Moments in der Zeit.

---

11 Botho Strauß, Der Fortführer, Hamburg 2018, S. 17.

12 Auch für die Sinneswahrnehmung muss gelten, was gemäß Leibniz' Prinzip der Identität des Ununterscheidbaren von der Wirklichkeit in der Zeit gilt: Sie ist kontinuierlich individuell.

Ab-Sicht

Es ist eine Kraftanstrengung nötig, aus dem immer Neuen, was die Sinne wahrnehmen, stets dieselben Informationen herauszulesen, die den Zwecken des Lebens dienlich sind. Doch dies angespannte Bemühen der Ab-Sicht kann unwillkürlich oder mithilfe von Drogen gelöst werden. Dann taucht die Wahrnehmung ein in die Fülle des Konkreten. Das Konkrete ist nichts anderes, als das noch nie Gesehene, das sich zugleich nie wieder zeigen wird. Die Routine des Lebens sieht von ihm ab, obwohl die Sinne es zeigen. Deswegen ist von Zesens Übersetzung so glücklich.[13] Der einteilende Punkt der Zeit ist sichtbar – in jedem Augen-Blick.

---

13 Die Verwendung des Wortes Augenblick für den enteilenden Punkt der Zeit, also für die Übersetzung des lateinischen *momentum*, wird manchmal auf den Barockschriftsteller Philipp von Zesen zurückgeführt, das Wort Augenblick kommt in seiner sinnlichen Bedeutung als Blick der Augen jedoch schon im Nibelungenlied vor:

„mit lieben ougenblicken einander sâhen an / der herre und ouch diu frouwe, daz wart vil tougen getân“. Nib. 292, 3.

Wissen

„individuum est ineffabile". Das gilt auch für den Augenblick. Er ist kein Gegenstand des Wissens. Er ist das Individuum der Gegenwart, das angeschaut, aber nicht begriffen werden kann.

– Auf welche Weise kommen die Gegenstände des Wissens zustande? All die Dinge, die wiedererkannt und begriffen, vermessen und benutzt werden. Sie sind nichts, was in der Unmittelbarkeit eines Augenblicks gegeben wird. Es bedarf des Verlaufes der Zeit, um sie zu erfassen. Sinnliche Wahrnehmungen und praktische Gesten machen uns einen Gegenstand nach und nach greifbar, indem sie in der Erinnerung ihre Spuren hinterlassen.[14] Jeder greifbare Gegenstand existiert auf diese Weise in der Zeit. Er ist eine Art von Geschichte. Er besteht in einem Geflecht von Erinnerungen, in das die Erfahrung eines neuen Augenblicks sich einordnen lässt.

---

14 Den zeitlichen Charakter der Wissensaneignung beschreibt Aristoteles in den einleitenden Sätzen der Metaphysik. Aus Wahrnehmungen werden Erinnerungen, aus Erinnerungen bildet sich Erfahrung, und Erfahrung findet schließlich ihre allgemeine Formulierung im Begriff: *„Aus der Erinnerung entsteht nämlich für die Menschen Erfahrung; denn viele Erinnerungen an denselben Gegenstand bewirken das Vermögen einer Erfahrung, und es scheint die Erfahrung der Wissenschaft und Kunst fast ähnlich zu sein. [...] Wissenschaft aber und Kunst gehen für den Menschen aus der Erfahrung hervor [...]. Die Kunst* [techne] *entsteht dann, wenn sich aus vielen durch die Erfahrung gegebenen Gedanken eine allgemeine Annahme über das Ähnliche bildet.* Metaphysik, I 6, 980b 28f. (Sämtliche Aristoteleszitate nach der Übers. von Hermann Bonitz).

Gegenstände

Der Augenblick, wenn der Regen plötzlich vorbei ist, und das Sonnenlicht wieder in den Garten fällt. Es bricht sich in den Wassertropfen auf den Blättern und Zweigen; ein unausschöpfliches Geglitzer flüchtiger Besonderheit: kein Begriff und kein Bild kann all das einfangen, was diesen Augenblick nun ausmacht. Und doch begreift man ihn auf eine bestimmte Weise.

Es genügt die Skizze einer Erinnerung, und plötzlich treten die unzählbaren Facetten des Anblicks zurück. Sie verschmelzen mit dieser Skizze: einer Anordnung aus der Vergangenheit her bekannter Gegenstände, die der Verstand in ihnen wiedererkennt – etwa „Regentropfen", „grüne Pflanzen", „Garten".[15]

---

15 Oft kann nur der Schock die gewohnten Muster aufsprengen. Noch jahrelang bleibt dann das Bild im Gedächtnis. Was man im Moment der höchsten Gefahr sieht, sieht man als das, was alles Sichtbare in jedem Augenblick ist: noch nie gesehen. In Wahrheit gibt es nur noch nie Gesehenes.

Das unbegreifliche Jetzt

Dem Verstand erscheint die nicht festzuhaltende Fülle der Gegenwart bloß als Illustration einer abstrakten gegenständlichen Ordnung, die die Erinnerung im Lauf der Zeit gebildet hat. Das Objekt, das als Welt begriffen wird, ist nicht das Gegenwärtige und Anwesende, sondern stets Gewesenes, repräsentiert in einem Abbild – gleichgültig, ob dieses Abbild uns selbst, oder den dreidimensionalen Umriss eines Objektes zeigt.[16]

– Lässt sich das nicht durch Selbstbeobachtung bestätigen? Das Unmittelbare des Augenblicks lässt sich nicht erfassen. Setzt man ihm nach, ist es, wie als würde man mit der Hand durch Wasser streichen, und dabei die glitzernde Welle erzeugen, nach der man zu greifen versucht. Es lässt sich auf verallgemeinernde Weise vorstellen, was einmal war und was einmal sein wird und was niemals war und was niemals sein wird. Nur was augenblicklich gegenwärtig ist, das kann sich niemand vor-stellen. Erst, wenn es vergangen ist, wird es gegen-ständlich; als das mehr oder weniger arme und schematische Abbild einer abgeschlossenen Erfahrung.

---

16 Dreidimensionale Objekte, die oft stellvertretend für „Wirkliches" überhaupt erscheinen, sind ein gutes Beispiel für die Abstraktheit und Augenblickslosgelöstheit – also gerade Nicht-Wirklichkeit – eines Wissensgegenstands. Jedes Ding hat seine Ausdehnung in der vierten Dimension, seine Dauer, und jede Dauer ist zugleich kontinuierlicher Wandel. Vgl. Pawel Florenski, a. a. O., S. 253.

Personalität

Robert Spaemann hat beschrieben, wie sich der Mensch erst vermittels der Zeit selbst in Besitz nimmt. Er schreibt: *„Zeit entsteht, indem Subjektivität sich Sein aneignet"*.[17] Das Geschöpf kann nur in sein Eigentum treten, indem es sich selbst äußerlich wird.[18] Im Augenblick ist es sich nicht äußerlich, sondern erst als Gewesenes. Als Gewesenes hat es sich; in der Vergangenheit, die es durch sein Tun erwirbt und deren Spiegelbild es im Augenblick der Gegenwart findet.

---

17 Robert Spaemann, Personen, Stuttgart 2006, S. 117.

18 *„Die Konstitution personaler Identität ist untrennbar von dem Prozeß des Sich-selbst-äußerlich-werdens, vom Prozeß der Selbstenteignung durch die Zeit. Diese Selbstenteignung durch die Zeit widerfährt nicht einem Subjekt, das sich ursprünglich selbst zueigen wäre. Das ursprüngliche unmittelbare Bei-sich-Sein oder Mit-sich-Vertrautsein hat nicht den Charakter des Sich-Besitzens, es ist nicht Selbstbewusstsein. Selbstbewusstsein gibt es nicht anders, als in der Weise des Sich-Entäußerns. Nur das von mir Geschiedene kann ich besitzen, so wie ich umgekehrt nur das, was ich besitze, hergeben kann. Das Subjekt, das sich reflektierend seiner selbst vergewissert und so sein Personsein realisiert, kann dies nur, indem es sich als Vergangenes vergegenwärtigt."* A. a. O., S. 114.

Besitz

Im Augenblick gibt es nichts, was sich besitzen ließe. Im Augenblick hat man nicht einmal sich selbst. In ihm scheint alles Wirkliche ungeteilt.

Das endliche Wesen spiegelt sich selbst in unendlichen Augenblicken, die es nicht erfassen kann. Sein Leben gleitet über sie dahin, wie ein Schatten. Was es besitzt, kann es nicht berühren, denn es ist Vergangenheit, und was es berührt, kann es nicht besitzen, denn es verweht mit dem Augenblick.

Schlange und Spiegel

Das Dasein, das über den Augenblick hinausgeht, erscheint wie eine Schlange oder wie ein Spiegel. Kontinuierlich geht es voran und windet sich wie eine Schlange durch das Feld. Und doch würde es unsichtbar sein, wenn es nicht zugleich in jedem der unendlich vielen Punkte auf seiner Bahn wie in einem Spiegel die Schatten seines zurückliegenden und die Schimmer seines voranliegenden Weges vergegenwärtigte. Nur so kann die Vollendung, nach der es strebt, sichtbar werden. Als reflektierte Zeitgestalt.

Eine Zeitgestalt, die sich im Verlauf einer Bewegung oder eines Lebens offenbart, ist keine Menge oder Reihung von Augenblicken, sondern zeigt sich, indem die wesentlichen Ereignisse dieses Verlaufs in immer neuen Augenblicken aufeinander bezogen werden; in einem komplexen Spiel der Reflexe.[19]

---

19 Zur Zeitgestalt der Person vgl. Robert Spaemann, Personen, Stuttgart 2006, S. 121: „*Die neutrale Zeit als unendlicher und unendlich teilbarer Fluß ist eine bloße Abstraktion. Die Wirklichkeit besteht aus erlebten Inhalten wechselnder Dauer. Personen sind, indem sie solche Inhalte aufeinander beziehen, selbst Zeitgestalten. Paradigmatisch für eine Zeitgestalt ist die Musik. [...] Das ganze Musikstück kann nur in bewusstem Erinnern und Aufeinanderbeziehen der Elemente realisiert werden.*"

Abwesenheit der Zeit

Eine Bewegung oder auch eine Lebensspanne – sei es die eines Menschen oder eines Planeten – sind nichts Anwesendes. Es ist der Augenblick, der vom Verlauf einer Bewegung oder eines Lebens erzählt.[20]

Die Zeit enthält keine Augenblicke,[21] der Augenblick enthält die Zeit – jedoch so, wie ein stilles Meer den Umriss eines Schiffes enthält, der sich in seinem Wasser spiegelt.

---

20 Die Bewegung geht von Augenblick zu Augenblick dahin und läuft aus sich aus. Ihre Vollendung liegt im Abwesenden; sowohl, wenn sie ihr Ziel erreicht hat, als auch, wenn es noch vor ihr liegt. Vgl. Ernst Jünger, Annäherungen, Werke Bd. XI, Stuttgart 1978, S. 239: *„Die Zeit ist nichts anderes als eine Form der Abwesenheit.“*

21 Wenn ein Augenblick keinen messbaren Abschnitt der Zeit ergibt, ergibt auch eine unendliche Vielzahl von Augenblicken keinen. Wie kann eine Spanne aus einer Aneinanderreihung von Punkten bestehen, die selbst ausdehnungslos sind? Es kann daher nicht richtig sein, dass die Spannen der Zeit aus einer Aneinanderreihung von Augenblicken bestehen. Die Augenblicke fliehen, ohne je eine greifbare Spanne von Zeit zu geben. Eine Zeitspanne ergibt sich immer erst im Hinblick auf die Vergangenheit oder die Zukunft. Wird eine Zeitspanne, etwa ein Tag, gemessen, geschieht es durch das Zählen der Sonnenaufgänge. Man zählt, wie viele von ihnen schon vergangen sind, und nennt das ein Messen der Spanne eines Tages, ohne dass die Spanne eines Tages jemals im Ganzen da läge. Dasselbe gilt auch für die kürzesten Zeitspannen, die anhand viel schneller wiederkehrender Ereignisse gezählt werden, wie etwa dem Richtungswechsel der Unruh in einer aufgezogenen Uhr.

Geschichte

Warum hängt der Mensch an seiner Geschichte und dem abstrakten Bild, das er sich von ihr macht? – Sein Stolz, ein Schicksal zu haben, gedeiht in einem Garten, der farbig genug ist, jedem Wort seiner Erzählung etwas von seiner Schönheit abzugeben. Ein lückenhafter Bericht gewinnt Macht über die Herzen, weil er in die Symphonie der Gegenwart mündet. Er hallt wider bis in die Tiefe der unaufhörlichen Schöpfung. Die totale Nichtigkeit jener Geste, die eine Vergangenheit[22] behaupten will, quillt über von der Fülle jedes neuen Augenblicks.

---

22 Das Vergangene ist das, was aufgehört hat, zu sein, wenn die Zeit ein kontinuierliches Aufhören von Sein ist. Doch indem die Zeit zugleich ein kontinuierliches Beginnen von Sein ist, kann auch das Vergangene neu begonnen werden. Das rührt an das Thema der Wiederholung. „*Wiederholung und Erinnerung stellen die gleiche Bewegung dar, nur in entgegengesetzter Richtung; denn woran man sich als Gewesenes erinnert, das wird in rückwärtiger Richtung wiederholt; wohingegen die eigentliche Wiederholung Erinnerung in Richtung nach vorn ist.*" Sören Kierkegaard, Die Wiederholung, München 2005, S. 329. – Zwischen der Wiederholung und der Annahme der Einmaligkeit und Neuheit jedes Augenblicks scheint zuerst ein Widerspruch zu bestehen, der sich aber schnell auflöst, wenn man genauer hinsieht: „*Was wiederholt wird, ist gewesen, sonst könnte es nicht wiederholt werden, aber gerade daß es gewesen ist, macht die Wiederholung zu etwas Neuem.*" A. a. O., S. 351.

Entwicklung

Alles, was einen Anfang hat in der Zeit, verliert sich schon in ihr, bevor es sein Ende erreicht hat. Stets ist nur ein winziger Ausschnitt des Geschehens Gegenwart. Trotzdem zerspringt die zeitliche Existenz nicht in einzelne Augenblickssplitter. Die Augenblicke können zwar nicht Teile der Lebensbahn sein, so wie Steine Teile eines Hauses sind, doch sind sie der in ihr verborgenen Ganzheit näher oder ferner.

Ein aufmerksamer Beobachter stellt schnell fest, ob jemand, den er vor sich hat, gerade mehr oder weniger bei sich ist. Im Verlauf seiner Existenz offenbart sich eine Idee der Person, um die herum seine Stunden und Tage sich anordnen, so wie Einschusslöcher auf einer Zielscheibe um den schwarzen Punkt im Zentrum.

Wahrscheinlich ist es mit jedem Moment eines Lebens wie mit dem Ton in einer Melodie, dessen Bedeutungs- und Wirkungsfülle von den Tönen abhängt, die ihm vorangingen: Wenn er klingt, klingen sie nicht mehr, und dennoch macht er sie nicht überflüssig.[23] Oder wie bei einem Wort, dessen Sinn eben-

---

23 Die Vollendung einer zeitlichen Gestalt oder Entwicklung liegt nicht in einem Zeitabschnitt oder -punkt selbst, sondern spiegelt sich in ihm. „*Die Blütezeit einer Entwicklung repräsentiert die gesamte Entwicklung. [...] Aber man muss sich stets vor Augen halten, daß diese Repräsentation symbolischen Charakter hat und es entschieden falsch wäre, die Entwicklung als Ganzes einfach durch einen ihrer zeitlichen Querschnitte, und sei es auch der wesentlichste, zu ersetzen.*" Pawel Florenski, a. a. O., S. 265. (Lesenswert ist auch die Zusammenfassung der Passa-

falls durch das vor ihm Gesprochene erzeugt wird. Für sich genommen ist jedes Wort wie ein geschlossener, bemalter Fächer. Doch wird es im Verlauf einer Rede an die richtige Stelle gesetzt, öffnet sich das verborgene Gemälde. – Ist es nicht mit jedem Lebensaugenblick eines Wesens ebenso? Jeder einzelne öffnet den Fächer seiner Vollendung etwas mehr oder etwas weniger. Doch damit er es tun kann, braucht es alle Augenblicke dieses Lebens.

gen über den Begriff der *akme*, aus denen das Zitat stammt, in: Pawel Florenski, Konkrete Metaphysik, Dornach 2006, S. 203 ff.).

Vollendung

Vollendet ist etwas, wenn nichts von ihm außer ihm ist. Aristoteles gibt dafür ausgerechnet das Beispiel der Zeit eines jeden Dinges, außerhalb derer nichts mehr von ihm ist, wenn sie vollendet, also zurückgelegt ist.[24]

Doch ist nicht die Zeit, für die etwas oder jemand existiert, in jedem Augenblick unvollendet, da das meiste von dieser Zeit nicht in diesem Augenblick ist? Und wie kann das zeitliche Wesen vollendet sein, wenn seine Zeit abgelaufen ist, und nicht einmal mehr seine flüchtige Gegenwart etwas von dem noch widerspiegelt, was es in seiner Bewegung durch die Zeit war und erfuhr?

Die zeitliche Existenz besteht in der ständigen Ausrichtung einer individuellen Gegenwart auf Gewesenes oder Kommendes: auf Abwesendes, auf etwas, das *nicht* in ihr ist. Sie ist immerzu unvollendet.[25] Sie hat den Charakter der Bewegung, die sich nur dann fortsetzt, wenn ihr Zielpunkt noch nicht eingeholt und etwas von ihrem Potential noch nicht verwirklicht ist.

---

24 „*Vollendet nennt man einmal das, außerhalb dessen sich auch nicht ein einziger Teil finden lässt; so ist z.B. die Zeit eines jeden Dinges vollendet, außer welcher sich keine finden lässt, welche ein Teil dieser Zeit wäre.*" Aristoteles, Metaphysik V 16, 1021b 12 f.

25 „*Endliche Subjektivität ist [...] Mangel an Sein, Aussein-auf-Sein.*" Robert Spaemann, Personen, Stuttgart 2006, S. 117.

Ewiger Anfang

Sofern es nicht aus einer Reihe vergangener Ereignisse besteht und seine Zukunft zugleich noch unbestimmt ist, ist das zeitliche Wesen in jedem Augenblick „*ewiger Anfang*"[26]. Es steht in jedem Augenblick seines Lebens zugleich im Augenblick seiner Schöpfung. In ihm muss es sich selbst unaufhörlich neu erfassen.[27] Geschichte erwerben. Das heißt, in einem kontinuierlichen Akt der Bewegung die Vergangenheit zurücklegen, in deren Widerspiegelung es sich fasslich wird.

---

26 F. W. J. Schelling, Über das Wesen der menschlichen Freiheit, SW VII, S. 386.

27 Der „ewige Anfang" ist nicht im absoluten Sinne zu verstehen. Er hat Bedingungen und einen Rahmen. Dieser besteht darin, dass trotz der realen Einmaligkeit aller Dinge und Wesen in jedem Augenblick, bestimmte Gesetzmäßigkeiten immer wiederkehren und einen in gewissen Grenzen vorausberechenbaren Raum allen Handelns aufspannen. Gesetzmäßigkeiten der Elemente, der Pflanzen, Tiere und Menschen. Das ist eine Voraussetzung für die Freiheit, die nicht einfach Willkür ist. Nur wenn ihr Schöpfer den Individuen von Generation zu Generation und von Augenblick zu Augenblick dieselbe Natur lässt, kann der Zusammenhang der Zeit und der Geschichte bestehen bleiben, in dem ihnen neben der Frucht ihrer Taten auch die Verantwortung für sie zukommt.

Freiheit als Beginn

Wenn es wahr ist, dass in jeder Sukzession ein nicht aufzubrechender, ursächlicher Zusammenhang der Ereignisse besteht, kann nirgendwo in der Zeit ein Beginn stecken. Kein Neuanfang, und damit auch keine Freiheit. Nur im Augenblick, und nur, geht er der Zeit voraus, kann es Freiheit geben. Im Augenblick ist Beginn möglich.[28] Die Bewegung, die in ihm anfängt,[29] hat ihren Grund außerhalb der Notwendigkeit der Sukzession. Wenn ihre Bahn, durch das

---

28 Dass es sich aus ihm heraus spontan und frei bewegen kann, setzt voraus, dass ein Wesen eine Vollständigkeit im Augenblick hat. Die Ganzheit seiner Gestalt und die Vollendung seines Lebendigseins dürfen dann nichts sein, was erst von einer gewissen Strecke seines Lebensprozesses gleichsam abgelesen wird, wie bei Ziffern in einem Code, der erst über seine ganze Länge hin gelesen Sinn ergibt. So fein man auch die in der Sukzession aufeinanderfolgenden Momentzustände seines Körpers auseinanderhielte, so müsste man dennoch, bis ins Unendliche, in jedem neuen, den man anschaut, immer wieder schon die lebendige Ganzheit des individuellen Lebewesens mit antreffen, aus dessen Akten und Verlangen die Bewegung des Körpers kontinuierlich entspringt.

29 Es ist denkbar, dass die Bewegung die Zeit erst eröffnet. Das ist zumindest die These des Aristoteles. Nach seiner Definition in Physik IV, 11, 219b misst die Zeit das Davor und Danach der Bewegung. Sollte es jedoch eine Bewegung geben, die der Zeit vorausgeht, dann könnte diese nur im Augenblick entspringen. Sie dürfte keine Ursache haben, die zeitlich früher ist. Nur so könnte die spontane Bewegung tatsächlich Zeit erst eröffnen. Diesen Gedanken hat Schelling formuliert: *„Kein Ding entsteht in der Zeit, sondern in jedem Ding entsteht die Zeit aufs Neue und unmittelbar aus der Ewigkeit."* Schelling, System der Weltalter I, in einer Nachschrift von Ernst von Lasaulx, hrsg. von S. Peetz, Frankfurt am Main, 1990, S. 78 f. Vgl. auch: Thomas Buchheim, Freiheit unter Bedingungen der Zeit? Schellings neuer Zeitbegriff im Nachgang zur Freiheitsschrift, in: Kant-Studien 110 (2019).

Gesetz der Kausalität zusammengehalten, fest und unabänderlich dazuliegen scheint, ist sie stets schon Vergangenheit. Der zurückgelegte Weg erstarrt im Bild, das an ihn erinnern soll. Die Bewegung selbst ist nicht in diesem. Sie geht mit dem Augenblick. In ihm aber kann es plötzlich einen neuen Impuls geben, eine Beschleunigung und einen Richtungswechsel[30] – in ihm fällt vielleicht die Entscheidung, durch die das Band ihres Herkommens erst weitergesponnen wird.

---

30 Dazu passt Platons Definition des Augenblicks als Übergang: *„Denn der Augenblick [ἐξαίφνης] scheint etwas Derartiges zu bezeichnen, daß etwas von ihm aus zu beidem wechselt. Denn aus der Ruhe heraus wechselt nichts, wenn es noch ruht; und auch aus der Bewegung heraus wechselt nichts, wenn es sich noch bewegt. Sondern dieses ortlose [ατοπον] Wesen des Augenblicks liegt in der Mitte zwischen der Ruhe und Bewegung und ist in keiner Zeit; zu ihm nun und aus ihm heraus wechselt das, was sich bewegt, zur Ruhe, und was ruht, zur Bewegung.“* Platon, Parmenides 156d f.

Art und Gattung

In einem Teich im botanischen Garten von Palermo durchbricht ein Karpfen mit seinem Maul immer wieder die Wasseroberfläche. Wenn man sich zum Teichrand herunterbeugt, erkennt man den Körper des Tieres – und bemerkt zugleich, dass es mehrere Karpfen sind, die dicht an dicht im Schilf nebeneinander fressen. Unmöglich, sie voneinander zu unterscheiden, so gleichförmig sind ihre Bewegungen und ihre Körper.

– Warum überhaupt etwas Einmaliges in der Gegenwart eines Wesens erblicken wollen, das nur eine vorübergehende Verkörperung der viel dauerhafteren und über Länder und Kontinente sich erstreckenden Wirklichkeit der natürlichen Arten ist? Jener Arten, deren Gestalt so deutlich umrissen ist, dass sich ihre Individuen mitunter nur von denen anderer Arten, nicht aber untereinander unterscheiden lassen.

Diese Frage drängt sich auch beim Anblick der exotischen Palmen und Bäume, der Orchideen und Banyanfeigen auf; vor den Tafeln, auf denen Art- und Gattungsname jeder Pflanze zu lesen sind. – Was ist dieser botanische Garten? Ein Wörterbuch? Eine von der Hand des Gärtners geordnete Menge von Zeichen, durch die das Leben selbst sich auszudrükken pflegt, immer wieder, in einem Kreislauf ohne Beginn und Ende?

Stürzende Schöpfung

Aristoteles' Glaube an die Ewigkeit der taxierten Welt ist ein Glaube an die Ewigkeit der Gattungen.[31] Einsicht in die Ordnung der Gattungen ist Einsicht in die Ewigkeit. Sie ist jeder Individualität entleert. Die Individuen selbst sind nur immer neue Abdrükke desselben Stempels. Ihre Rolle ist der des Wassers vergleichbar, das ein Mühlrad antreibt. Sie setzen nacheinander den unaufhörlichen, ewig gleichen Kreislauf der Zeit fort.

Doch das explodierende Universum ist ein Universum der augenblicklichen Einzigartigkeit. Die verglühende Sonne beleuchtet eine radikal sterbliche Welt verschwindender Individualitäten – eine stürzende Schöpfung.

---

31 Indem ihre Form die der Gattung und Art ist, der sie zugehören, haben für Aristoteles die einzelnen Lebewesen am „Immersein" teil. Durch Fortpflanzung erhalten sie die Kontinuität der immer seienden Form in der Zeit. Vgl.: De anima II, 4, 415a 26-b.

Geste und Gestalt

Die Einmaligkeit der Augenblicke muss zu der relativen Beständigkeit der natürlichen Gattungen nicht im Widerspruch stehen.[32]

Das Individuum eines Augenblicks kehrt nicht wieder und eine konkrete Bewegung kann nicht wiederholt werden. Es kann jedoch in immer neuen Bewegungen eine uralte Geste wiederkehren. Indem ein neues Individuum diese Geste vollführt, wiederholt sich auch die alte Gestalt in ihm. Die Gestalt wird in seinen Gesten sichtbar.

– Die typischen Gesten der Gattung, Klasse oder Zunft modellieren die Gestalten. Kein einziges Lebewesen, das nicht einer Gestalt oder einem Typ entsprechen würde; das nicht in der Anwendung einer bestimmten Überlebenstaktik seinen Vorfahren entspräche, und dessen Lebensgestus nicht seinen Stand verriete.

Wenn in der farbigen Fülle einer Landschaft die Gesetze erkennbar werden, nach denen alles in ihr miteinander verwoben ist, und hinter dem Leuchten der Blüten die wiederholten Abläufe eines die ganze Erde umfassenden Kampfes hervortreten, dann scheint die Individualität der Momente bedeutungslos, vor dem ehernen Zeitgesetz, das von Generationen und Generationen gestiftet wurde.

---

32 Die Gestalten von Dauer sind Gattungsgestalten. Da liegt es nahe, der Gattung ein eigenes Leben zuzuschreiben. Doch es mag für Millionen von Jahren Vögel, Bäume und Insekten geben, ein wirkliches Individuum gibt es immer nur von Augenblick zu Augenblick.

Doch es genügt, dass das Licht uns überrascht oder eine plötzliche Gefahr die Sinne weit öffnet. Dann verliert die Wirklichkeit ihren mechanischen Anstrich, und die unablässig wiederkehrenden Gesten und Gestalten erscheinen als das, was sie immer sind: als noch nie gesehen, in der Einmaligkeit dieses flüchtigen Augenblicks.

Etwas für Etwas

Die Konzentration auf den Augenblick lässt die Welt, wie man sie sich als Menge von Stoffen vorstellt, deren Zusammenballung alle Erscheinungen hervorbringt, aus dem Blick geraten. Es könnte sein, dass die Fülle und Besonderheit der Augenblicke nur ein besonders komplizierter Fall des beständigen Seins der Materie ist.[33] Doch es könnte auch sein, dass die Materie teilnimmt am Wandel von Augenblick zu Augenblick.

Wenn die Materie nicht ewig ist, sondern den kontinuierlichen und unumkehrbaren Wandel der Zeit mitmacht, muss dann nicht alles, was materiell ist, eine Individualität haben, mit dem Augenblick, in dem es anwesend ist? Das scheint dem Begriff der anorganischen Materie zu widersprechen, der gerade das bleibende Substrat der vorübergehenden Erscheinungen bezeichnen soll.

Man kann den Begriff der Materie jedoch auch anders auffassen. Materie kann auch der Sammelname sein, für alle Ausdrücke, die einen Stoff *für etwas* bezeichnen.

---

33 „*Nichts wird bei den Operationen künstlicher oder natürlicher Art geschaffen, und es kann als Prinzip angesehen werden, dass bei jeder Operation eine gleiche Quantität Materie vor und nach der Operation existiert.*" Antoine Laurent de Lavoisier, Traité élémentaire de chimie, Paris 1801, S. 140 f. – Hier wird vom Dahingehen des Besonderen in der Zeit ganz abgesehen, und der Begriff Materie erscheint wie ein reales Individuum – nicht durch Qualität bestimmt, sondern durch Quantität.

Die Vorstellung vom beständigen Sein der Materie könnte dort entstanden sein, wo ein zielgerichtetes Tun stets die selben Möglichkeiten in niemals gleichen Individuen sucht und wiederfindet. Der absichtsvoll Tätige ordnet die Fülle der Gestalten gemäß ihrer Zweckdienlichkeiten und achtet dabei nicht auf individuelle Besonderheiten.

Was man sich als beständigen und uniformen Stoff vorstellt, so wie Sauerstoff, Wasser oder Holz, bezeichnet vielleicht eher ein Potential als eine Anwesenheit. Der einzige Stoff, den es wirklich gibt, ist das Individuum eines Augenblicks. Und kein Augenblick ist wie der andere, auch wenn es scheint, als wäre es seit Anbeginn der Zeit dieselbe Flamme, die, von „Luft" und „Holz" genährt, auffährt, und dasselbe „Wasser", das sie löscht.

Für Gott gibt es nur Individuen

Wer sollte fähig sein, alles Wirkliche in seiner tatsächlichen Einmaligkeit wahrzunehmen, so wie es heißt, Gott kenne nur Individuen[34] und keine abstrakten Stoffe und Mittel. Jedes Lebewesen ist angewiesen auf Stoffe und Mittel. Sobald es Ziele hat, verschwindet ihm ein Teil des augenblicklich Anwesenden hinter der Abstraktion. Es zeigt sich ihm als etwas für etwas. Im Hinblick auf die Zukunft, auf den erwarteten Nutzen, erscheinen ihm immer neue Individuen immer wieder im selben Gewand, das seine Ab-Sicht ihnen überstülpt.

Doch wie wenig begreift es auf diese Weise von der Fülle der Augenblicke! Was immer da kommt und geht, kommt und geht ihm als Akteur in seinem Lebenstheater. Von seinen unzählbaren Eigenschaften behält jede Erscheinung nur diejenigen, die sein Wollen widerspiegeln.

Ein Mann schneidet einigen Sardinen die Köpfe ab und schiebt die winzigen Gedärme mit dem Daumen in eine Schüssel. Er wäscht die Fische einen nach dem anderen aus und bemerkt dabei Reiskörner und Salatblätter, die am nassen Steinbecken haften geblieben sind. Er zieht den Korken aus der Flasche, wiegt Mehl ab, und wenn es dunkel wird, schaltet er das Licht an. Die meisten Dinge um ihn herum dienen ihm zu etwas und sind dazu in Form gebracht,

---

34 *„Für Gott gibt es nur Individuen"*. Nicolás Gómez Dávila, Scholien, Wien 2011, S. 16.

sodass der Anschein entstehen kann, als wäre diese Zweckdienlichkeit ihre Substanz. Die Welt um ihn herum erscheint ihm unabhängig vom Fliehen der Augenblicke; als beständiges Arsenal von Stoffen und Objekten, die er in seinem Tun verwendet.

Doch wenn der Mann plötzlich innehält, kann es passieren, dass sich das Verhältnis umdreht. Dann ist es, als würde die glänzende Wölbung des Steins, nur wie eine traumhafte Ahnung, die Erinnerung an seinen möglichen Nutzen wecken, und sein Blick verliert den symbolischen Halt. Es kostet ihn Anstrengung, seine Wahrnehmungen auf die abstrakte Geschichte von Zweck und Mittel zu beschränken, die seine Tätigkeit nach und nach erzählt. Reiskörner und Salatblätter, bemaltes Porzellan und silbrige Fischleiber überfluten seine Sinne von Augenblick zu Augenblick mit einer Fülle, in der die immer selben Stoffe und Ziele seiner Handlungen verschwinden, so wie verwitterte Zäune in einer wuchernden Vegetation kaum mehr zu erkennende und nichts mehr zertrennende Linien sind.